Philip Wu

Idolernes mørke sider

BoD – Books on Demand

Idolernes mørke sider

Forfatter: Philip Wu

Forsideillustration: "Det farlige idol og dets fans" - Philip Wu - 2015

Illustration på side 50: "Advarsel om de farlige idoler" - Philip Wu - 2015

Redaktion: Philip Wu

Kontakt til forfatteren: philip8511@ofir.dk

Forlag: BoD – Books on Demand, København, Danmark - 2016

Fremstilling: BoD - Books on Demand GmbH - Norderstedt, Tyskland

ISBN 978-87-7170-490-7

Indhold:

Beretning fra en restauratør

Jeg er ejer af en fin og dyr restaurant. Mange af kunderne er for det meste rige forretningsfolk i jakkesæt, men jeg har også kendisser som kunder.

Nogle opfører sig helt normalt og nogle, som en decideret "kejser" eller "kejserinde".

Dem der opfører sig normalt, har også givet mine tjenere deres autografer. Udover det har de også ladet mine tjenere tage selfies med dem.

Flere af dem har også aflagt besøg i køkkenet, hvor kokkene også fik deres autografer og kunne tage selfies med dem.

"Kejserne" og "kejserinderne" har ofte været unge, aggressive, højt råbende, truende og behandlet mine tjenere som slaver eller skadedyr.

Deres væremåder har ofte været traumatiserende for mine tjenere, hvoraf mange har været på grænsen til at bryde grædende sammen i baglokalet.

Nogle er også endt med at sygemelde sig i en lang periode eller opsige deres arbejde.

Det er også sket, at "kejserne" og "kejserinderne" har jaget nogle af mine andre kunder ud af restauranten af frygt.

På grund af "kejserne" og "kejserinderne" har min restaurant et dårligt ry. En del af stamkunderne er også holdt op med at spise hos os på grund af dem.

Jeg har også mistet en del tjenere på grund af dem.

Nogle af mine tidligere tjenere er også endt med, at de ikke kan vende tilbage til arbejdsmarkedet.

Der skal bare komme et par "kejsere" eller "kejserinder" mere som stamkunder, før min restaurant er lukningstruet.

Næsten alle "kejserne" og "kejserinderne" er tidens mest populære idoler med gigantiske fanskarer og mange millioner følgere på de sociale medier.

Fansene er for det meste "kejsernes" og "kejserindernes" jævnaldrende og teenagere. Dermed er de for det meste for unge til at kende til den mørke side af idolernes berømmelse.

Set & sket

Jeg har blandt andet en ung popsanger som kunde og han kommer altid alene.

Hver eneste gang flipper han ud over, at vi ikke har de retter, han vil have.

Det hjælper ingenting, at vi fortæller ham pænt, vi ikke har og kan lave det, han vil have. For det går altid op i hat og briller, når vi gør det.

Hans reaktion er altid dybt barnlig. Den indeholder høje tilsvininger af tjenerne, der ekspederer ham, og en knytnæve på bordet, som får alle til at kigge på ham.

Han siger altid, at han er berømt og rig og kan dermed få og gøre alt, hvad der passer ham.

Ofte har nogle af mine andre kunder valgt at forlade restauranten af frygt, uden at have spist op eller før de fik serveret deres retter.

Hans ansigtsudtryk og attitude er altid som en voldelig bølles, når han bliver smask fornærmet.

<u>Afsnit 2</u>

Udover den unge popsanger har jeg også en sexet popdiva som stamkunde.

Hende kan man aldrig stole på, når hun oplyser, hvornår hun kommer og hvor mange gæster hun vil dukke op med, når hun bestiller bord.

Siden hun begyndte at være vores stamkunde, er hun altid kommet til restauranten med flere gæster end hun havde oplyst til os.

Når mine tjenere gør hende opmærksom på det, flipper hun også højlydt og vildt ud. Blandt andet råber hun til dem, at hun er stinkende rig og berømt og kan gøre alt, hvad hun vil.

Beretning fra en natklubejer

Farverige er mange af mine berømte gæster, når de besøger min natklub. For det meste sidder de sammen ved bordene og hygger sig ligesom de andre almindelige gæster.

Mange af dem tiltrækker flere almindelige gæster til min natklub, da mange selvfølgelig vil møde sit idol, hvis chancen er der.

Desværre er der også mange, som opfører sig ulideligt og dominerer min natklub. Det er dem, som har ladet deres succes og rigdom kontrollere dem.

De ulidelige og dominerende er playboys, divaer, festaber, påvirkede og konfliktsøgende over for de andre gæster. De er dem, som er kommet let til deres succes, er milliardærarvinger, er realitystjerner og børn af idolerne.

Mange opfører sig uforskammet og truende over for mine bartendere, som også er et tegn på, at de SKAL! have særbehandling.

En del af dem sidder også ved bardiskene, bæller sig i sprut og sluger medbragte piller, som om det var slik.

Alle de forbud min natklub har, bryder de fleste af dem med beskidte sofaer og gulve som følge.

Nogle har også opført sig så blufærdighedskrænkende ved at moone deres røve.

De påvirkede har alle sniffet stoffer i lange baner inde på toiletterne og ved bardiskene.

Det gør dem ekstremt høje i hatten med hensyn til deres opførsel overalt, hvor de går hen inde i natklubben.

Mange af deres fans, som tilfældigt stødte ind i dem, er også blevet chokeret over at se deres idoler tage stoffer, da det er noget, de ikke er kendt for.

De konfliktsøgende er de allerværste. Stort set dem alle opfører sig nedladende over for både mine bartendere og de andre gæster.

Når man har noget med dem at gøre, skal man bare behandle dem kejserligt, hvis man er konfliktsky.

Set & sket

Den værste episode med en berømt kunde jeg har haft i min natklub, var med en milliardærarving, som også er realitystjerne og nattelivsdronning.

Hun provokerede alt og alle i min natklub ved at markere sig som et overmenneske.

Provokationen kulminerede med, at hun nedtog og spredte de andre gæsters jakker ud på gulvet og trådte på dem.

Det betød, at en anden af mine berømte kunder forgæves bad hende om at stoppe det, men hun opførte sig som om, at hun enten var hypnotiseret eller påvirket.

Til sidst fik min anden berømte kunde nok og spyttede en mundfuld sprut på hovedet af hende, hvor det hele endte i et stort skænderi om hvem, der har ret til ditten eller datten.

Milliardærarvingen fik vi til sidst smidt ud af natklubben.

Den anden af mine berømte kunder der turde konfrontere milliardærarvingen, er en popsangerinde.

Beretninger fra færdselsbetjentene

De fleste af dem er unge mænd i dyre racerbiler. Deres berømmelser og store rigdomme er kommet let til dem.

For det meste er de feterede filmstjerner, popfænomener og fodboldstjerner. Dermed har de stort set alle egoer, som er ulidelige.

Der er også nogle, som er unge milliardærarvinger i jakkesæt.

Racerbilerne, de unge mænd drøner rundt i, er ikke nogle, som man bare kan købe hos forhandleren, men nogle man skal bestille, da de koster et tocifret millionbeløb.

Ingen af mærkerne er nogle, som patruljevognene kan indhente.

Mærkerne de unge mænd hovedsageligt drøner rundt i, er Ferrari, Lamborghini, Porsche, Audi og BMW. Alene mærkerne markerer, at de har mistet jordforbindelsen.

Stort set alle dem vi har stoppet, er også berygtede for at lave ballade på samlebånd i byens natteliv og har dermed et langt synderegister i forvejen.

Mange af dem er også smask fornærmet, når vi møder dem.

De fleste af dem føler, at deres hurtigt optjente berømmelse og rigdom bør give dem den samme immunitet, som medlemmerne af Kongehuset eller en præsidents familie har.

En håndfuld af dem er også påvirkede af alkohol og stoffer.

Dem som virkelig mener, at de skal behandles som et medlem af Kongehuset, har også angrebet os og vores kolleger.

Heldigvis er det for det meste skældsord, de råber efter os. Noget vi griner af, da de fleste af dem er påvirkede, når de gør det.

Men vi har før oplevet, at nogle af dem har angrebet os fysisk og stukket af med det samme, hvor vi, som modsvar, måtte starte en hidsig biljagt.

Set & sket

<u>Afsnit 1</u>

Ude på landevejene har vi oplevet, at der var en kommende filmstjerne, som kørte ligeså hurtigt som på en racerbane i sin racer.

Selv om vi fik stoppet ham og gav ham sin straf for forseelsen, fortsatte han som om, intet var hændt.

Måske tænkte han, at han er så rig, at han har råd til at betale mange fartbøder. Af den grund kunne det tænkes, at han opfattede fartbøderne som betaling for, han kunne køre stærkt.

Han endte med at køre rigtig galt og døde af det. Hans racer lignede i øvrigt også en krøllet hat efter den grufulde ulykke.

<u>Afsnit 2</u>

På gaderne og stræderne i byen en meget sen nat har vi oplevet, at en feteret fodboldstjerne har drønet rundt i sin racer i akut spirituspåvirket tilstand, til fare for sig selv og de andre.

Han var også i forvejen en kendt playboy i byens natteliv og er en af sin klubs farverige skikkelser.

Vi anholdt ham også for forseelsen og hans straf var bare en lille snoldet bøde.

Dengang vi anholdt ham, var det ikke første gang, han havde overtrådt færdselsloven bag rattet. I hans hjemland resulterede hans hasarderede kørsel i et dødsfald og straffen var samfundstjeneste.

Beretninger fra luftfartsselskaberne

Nogle opfører sig ligesom de andre almindelige passagerer og nogle af dem er et decideret mareridt at ekspedere.

Dem som er et mareridt, bliver det for det meste først, når de ikke kan flyve på første klasse og ikke bliver behandlet på den måde, som de har forventet.

Mange af besætningsmedlemmerne er også endt med at blive dybt traumatiseret af mødet med vores slemme berømte kunder.

Det værste er, at nogle af vores besætningsmedlemmer havde også nogle af vores slemme berømte kunder som deres idol.

Af den grund fik mange for første gang set idolernes mørke side og det har ramt dem som en issyl i hjertet.

For det meste er vores slemme berømte kunder kvindelige fotomodeller, film-, pop-, reality- og sportsstjerner.

Det er dem, som man ynder at kalde divaer. De er både unge og gamle.

Stort set dem alle fik nærmest deres berømmelser og rigdomme serveret på et smukt sølvfad uden nævneværdige anstrengelser. Det forklarer for det meste deres ubehagelige væremåde.

Divaernes mørke sider har vi både set inde i lufthavnene og ombord på flyene.

Nogle gange har divaerne været så slemme, at vi har måttet smide vedkommende ud af flyet inden afgang.

Set & sket

<u>*Afsnit 1*</u>

På grund af pladsmangel i eller misforståelse af reglerne for opgradering til første klasse i et fly, har vi oplevet, at en popdiva blev så rasende, at hun brugte sin formue på at opkøbe sæderne i økonomiklassen på et helt fly.

Det resulterede i, at popdivaen stjal alle økonomipassagernes pladser, så de ikke kunne komme af sted sammen med hende.

Vi har også oplevet, at en anden brød ud i højlydt gråd ved check-in skranken, da hun fik at vide, at hun havde misforstået reglerne for opgradering til første klasse.

Begge popdivaers væremåde fortalte os, at de blev smask fornærmede og vi ikke respekterede deres statuser.

Ombord på flyene har vi oplevet rigtig mange divaer, som var så høje i hatten af deres hurtige berømmelser og rigdomme, at de behandlede kabinepersonalet som deres personlige tjenere eller slaver.

Væremåderne indebar, at de hundsede, krævede en bestemt måde at tale til dem på, talte nedladende til kabinepersonalet, krævede en bestemt måde at servere ting til dem på og ingen hensyntagen til flyets andre passagerer.

De gange hvor vi har smidt divaer af flyene inden afgang, skyldes for det første, at de var påvirket af alkohol eller stoffer.

For det andet skyldes det, at de havde overfaldet kabinepersonalet, hvis de ikke blev behandlet som en kejserinde, som de havde forventet.

Det værste tilfælde med en diva har været, at hun bad om at få udskiftet chefstewarden på grund af fornærmelse over for hende, da flyet var ude på startbanen.

Divaen fik sin vilje, da hun også truede piloterne med bål og brand, men flyet endte med at blive voldsomt forsinket.

Senere fik divaen frataget ære og prestige og blev fængslet.

Det viste sig, at divaen er datter af luftfartsselskabets direktør. Selv var hun øverste chef for luftfartsselskabets kabinepersonale.

Dermed så hun også sig selv som en kronprinsesse.

Hendes fængsling var krævet af hendes lands befolkningsflertal, da de mente, at hun havde tegnet et negativt billede af deres land.

Alkohol- og stofmisbrug

Både unge og gamle har hørt om alkohol og de euforiserende stoffer, som vedrører idoler eller i det hele taget, kendisser.

Stofferne er hash, joints, kokain, heroin, crack, amfetamin, ecstasy og receptpligtig medicin.

Dem der er og var på alkohol og stofferne, er dårlige forbilleder og rollemodeller.

De har resulteret i, at nogle fans også drikker og tager stofferne, da de vil leve som deres idoler.

Mange af idolerne har også begået lovovertrædelser, når de enten ville skaffe sig stofferne eller var påvirket af dem.

På grund af det har nogle fans også måttet lide den skæbne at miste sit idol til alkohol eller stofferne.

Mange kendte musikere er og var stormisbrugere af alkohol og stoffer i så stor en grad, at de også blev berygtet for det.

Nogle er og var så afhængige af stofferne, at de bliver og blev kaldt syrehoveder.

Der var også nogle, som misbrugte alkohol og stofferne, for at holde deres kunstneriske kreativiteter kørende eller i live eller for at holde deres genertheder nede eller nerver bedøvet under arbejdet.

En del fik også deres karrierer ødelagt, da de begyndte på at drikke eller tage stoffer.

Der var også nogle, som brugte alkohol og stoffer til at begå selvmord.

I de fleste tilfælde foregår eller foregik alkohol- og stofmisbruget hjemme i privaten, men mange sker og er sket ude i byernes aften- og natteliv for fuld offentlighed.

Ofte har det resulteret i farverige og uforglemmelige historier om skandaløse opførsler og afsløring af de hidtil ukendte mørke sider af idolerne i de kulørte medier. Historierne er om:

- Drukkenbolte der havde startet eller været indblandet i værtshusslagsmål.

- Skuespillere der gik fra værtshus til værtshus ind til den lyse morgen.

- Festaber der havde skabt ballader i natklubber, havde været oppe at slås med dens dørmænd eller havde ligget ude på fortovene og var høje på stoffer.

- Påvirkede bilister som havde været til livsfare for de andre.

- Påvirkede "kejsere" og "kejserinder" som blev anholdt af politiet, efter de blev smask fornærmede og gik til angreb på dem.

- Gamle og falmede popstjerner der, som stærkt påvirkede, gav dyre, dårlige og skandaløse koncerter.

- Påvirkede idoler som angreb fans, hvis de ville fotografere dem eller fiske efter deres autografer.

Ved mange af tilfældene er og var idolerne så store egoer i forvejen, at det lå i kortene, at de vil gøre skandaløse ting og begå lovovertrædelser.

Alkohol og stofferne gjorde dermed bare egoerne mere aggressive og dermed, skandalerne og lovovertrædelserne vildere.

Set & sket

Afsnit 1

De mest kendte af idolerne der er medlem af den såkaldte
"27 Club", døde af misbrug eller dets eftervirkninger.

Udover de alle havde det til fælles, at de døde som 27-
årige, havde de også det til fælles, at de alle blev berømte
med et fingerknips.

Mange levede også det vilde liv.

Afsnit 2

Et af de kendteste mandlige medlemmer af "27 Club" var en
af grungemusikkens grundlæggere.

Han begik selvmord, grundet sit store stofmisbrugs
bivirkning.

Nyheden om hans selvmord udløste også et stort gråd
hos hans kvindelige fans.

<u>*Afsnit 3*</u>

Et af de kendteste kvindelige medlemmer af "27 Club" var en jazz-, r & b- og soulsangerinde.

Hun var ligeså kendt for sit alkohol- og stofmisbrug samt skandaløse og ugennemførte koncerter som for sine sange og musik.

Til sidst døde hun af akut alkoholforgiftning.

De voldelige bodyguards

Nogle af idoler har kun en og nogle har op til fire bodyguards med sig, når de er ude blandt deres fans.

Nogle har bodyguards, som er helt almindelige at se på.

Nogle har bodyguards, som er deciderede voldelige gorillaer.

Antallet af bodyguards og bodyguardenes udseender fortæller ofte, hvilken personlighed idolet har.

Hvis idolet kun har en bodyguard med et helt almindeligt udseende som ledsager, signalerer det venlighed og imødekommenhed hos idolet.

Dermed er der tale om et idol, som man ofte kan komme tæt på, få fisket en autograf ud af, tage et billede af og blive fotograferet sammen med.

Tit er idolet en person, som ikke har en stor fanskare, er jordnær og har brugt mange år, en masse tid og energi på at opnå sin succes og rigdom.

Hvis idolet har gorillaer som bodyguards, er det en helt anden boldgade. Dermed er det et ildevarslende signal.

Signalet er, at man skal holde sig på afstand fra idolet.

Ved det her tilfælde er idolet tit en person, som er stenrig, har et stort ego, opfører sig tit truende og uhøfligt, ser sine medmennesker som undermennesker og er kommet til sin succes så let som ingenting.

I nogle tilfælde er idolet også berygtet for at være en stormisbruger af euforiserende stoffer.

Gorillaerne er næsten altid instrueret af sin klient til at bruge vold imod de tilnærmende fans. Noget som er strafbart.

Konklusionen er derfor, hvis man nærmer sig idolet, lige meget om man er høflig eller ej, vil man komme til skade.

Set & sket

Et teenageidol med et stort ego havde gorillaer som bodyguards, da vedkommende besøgte en forlystelsespark om aftenen. Historien er både hjerteskærende og skræmmende læsning.

Det skræmmende var, at fansene blev råbt af og skubbet, hvis de ville nærme sig idolet.

Idolet er en purung popsangerinde, som blev født ind i showbizz, da faderen også er en kendt sanger.

Hun har udviklet sig fra en pæn pige til en rigtig "bad girl", der er kendt for sin skandaløse væremåde og kæderyger joints.

Af den grund kan man gætte på, at hun havde instrueret sine bodyguards til at gå fysisk til angreb på sine tilnærmende fans.

Det hjerteskærende var, at fansene, på grund af alder, slet ikke kendte til det, at idoler med store egoer kan finde på at angribe fansene.

Grundet episoden mistede idolet alle sine fans, som hun åbenbart havde instrueret sine bodyguards til at angribe.

De uvenlige og angrebslystne idoler

Profilen på disse idoler er, at de ofte ser dem selv som overmennesker og har et lavt selvværd.

Mange af dem er excentriske, er sexsymboler, er konkurrencemennesker, har en mega fanskare, har personlige assistenter, skaber ofte skandaler og fik deres succes serveret på et sølvfad.

Nogle af dem er også uhyggeligt psykotiske enten på grund af storhedsvanvid, stofmisbrug eller påvirkning af, at deres store succes er kommet meget uventet.

Nogle går altid farverigt påklædt.

Mange af dem er også kommet til deres store rigdomme i løbet af 0,5

Meget ofte er de ligeså karismatiske ligesom sektguruer.

Udenfor mediernes og fansenes søgelys opfører de fleste af dem groft og uhøfligt over for folk, som de ser som undermennesker.

Det sker i især stormagasiner, hvor de kan finde på at overfuse medarbejdere, hvis de ikke får den "kejserlige" behandling, som de meget ofte forventer at få.

Der er også nogle, som kun vil sige noget igennem deres personlige assistenter.

Dem som er uvenlige over for deres fans, viser uvenligheden ved, at de ofte nægter at give autografer eller møde deres fans i det hele taget og benytter bagindgangen i alle de bygninger, de befinder sig i.

Dermed er det et tegn på, at de enten ofte ser deres fans som undermennesker eller ikke kan klare at have en mega og hysterisk fanskare.

Nogle kan også finde på at aflyse deres optræden i allersidste øjeblik eller når de kun har optrådt i nogle minutter.

Dem som er angrebslystne over for deres fans, overfalder ofte på den måde, at de taler grimt, overfuser, rækker langemanden og kalder dem, som de helst ville være fri for at møde, for noget grimt og krænkende.

Det er også før hændt, at et idol svarede deres fans med en lussing eller en blodtud, da de enten ville fotografere eller fotograferes med idolet.

Ofte er og var vedkommende enten påvirket eller også kendt for at være en psykopat i forvejen.

Mange gange er det endt med, at fansene får dagen ødelagt, bliver kede af det og holder op med at dyrke personen som idol.

For nogle fans er mødet med idolet endt med at blive traumatisk, da de blev overrasket over, at idolet er et stort ego eller ser sig selv som et overmenneske.

Set & sket

<u>Afsnit 1</u>

En meget ung popdiva vil ikke møde sine fans eller give dem sin autograf. Noget som hun også blev berygtet for.

Lige meget hvor hun giver koncerter, har hun en bodyguard, der holder hende i hånden, hvis hun er nødt til at gå forbi fansene.

Hvis der findes en bagindgang på hendes hotel eller spillested, benytter hun den.

I øvrigt kom hendes berømmelse som et fingerknips.

<u>Afsnit 2</u>

En meget ung popsanger, der også blev berømt med nærmest et fingerknips, har et meget langt synderegister af skandaler. De værste af dem er:

- Tilsvining af en handicappet fan.

- Tilsvining af en overvægtig fan.

- En pludselig afbrydelse af en koncert efter bare en sang.

Sex og voldtægt

Sex er naturligt for alle, men for nogle idoler ender det med, at de afslører dem selv som dobbeltmoralske eller sædelighedsforbrydere.

Mange har/havde også en uhyggelig, kæmpe eller ustyrlig appetit for sex.

Nogle af de chokerende historier om idolernes sædelighedsforbrydelser er først blevet afsløret, da vedkommende er en gammel mand/dame eller død.

Når det sker, er det altid en meget stor gruppe mennesker, der gør det, da idolet som regel har begået forbrydelserne i en lang årrække.

Ofte skyldes den meget sene afsløring af idolets mørke side, at vedkommende er/var en person, der altid har/havde sympatien på sin side.

En del af dem er/var velhavende og kan/kunne hyre dyre advokater, som kan/kunne rense klienten for sexbeskyldningerne.

Dermed er/har der været idoler, som altid udnytter/udnyttede deres rigdom og folks blinde respekt over for dem til at være sædelighedsforbrydere, pædofile eller nekrofile.

Den blinde respekt er tydeligst fra agentens, chefens og die-hard fansenes side, da idolerne for dem er deres stjerneklient, stjernemedarbejder og Gud.

Lige meget om det er sent eller tidligt, at et levende idol er afsløret som en sædelighedsforbryder, ender det altid med enden for vedkommendes karriere.

Af de idoler som er blevet afsløret som sædelighedsforbrydere, er der også mange, som selv er/var blevet udsat for en sædelighedsforbrydelse i deres liv.

Nogle af de idoler som sælger dem selv som stærkt religiøse, er også blevet ufrivilligt afsløret som nymfomaner eller satyromaner, der bryder med deres egen moral. For nogle betyder det et boost og for nogle betyder det enden for karrieren.

Det er også før hændt, at nogle idoler har voldtaget egne børn eller fans. I nogle af tilfældene skyldes det påvirkning eller bivirkningen af misbruget af alkohol eller stoffer.

For de fleste fans der ikke kender deres idol som noget, der har noget med sex at gøre, bliver næsten altid chokeret, når de uventet ser private seksuelle billeder eller videoer af idolet dukke op.

Stort set alle videoerne er amatørpornofilm i den hårde ende af skalaen.

Når idolernes private seksuelle billeder eller videoer pludseligt dukker op, skyldes det enten noget ubehageligt eller noget pinligt.

Det ubehagelige er hævn eller pengeafpresning fra hackere eller en forsmået ekskæreste/eksægtefælle.

Det pinlige er idolets manglende kendskab til anvendelsen af avanceret it eller lidt for stor tillid til en medarbejder, som de senere fyrede.

Set & sket

<u>Afsnit 1</u>

En afdød, gammel og legendarisk tv-vært blev afsløret som en decideret sulten serievoldtægtsforbryder.

Antallet af voldtægter han begik, var meget langt og de foregik også på hans arbejdsplads.

Årsagen til det kunne lade sig gøre, var, at han var rig og højt respekteret samt havde talegaverne i orden. Af den grund lykkedes det ham at få beskyldningerne dysset ned i hele sin levetid.

Desuden brugte hans chefer og myndighederne i hans land alle beskidte kneb til at beskytte ham. Grunden var, at han også tilhørte overklassen ligesom dem selv og dem han voldtog, tilhørte underklassen.

Resultatet blev, at alle minderne over ham blev fjernet og hans gravsted, sløjfet.

<u>*Afsnit 2*</u>

En gammel komiker, som har haft sit virke i over 50 år og havde dermed nærmest status som Gud, kunne ikke undslippe, at han også er en serievoldtægtsforbryder.

Der havde også i mange år været beretninger om, at han også var kendt for at begå drugrape over for de kvinder, han kom i kontakt med.

Beretningerne havde han også i mange år haft held til at skubbe i baggrunden med sine dyre advokater og retslige forlig.

Korthuset væltede først for ham, da alle hans voldtægtsofre gennem tiderne tog bladet fra munden på én gang. Også dem som han havde købt til tavshed.

Resultatet blev, at han blev boykottet og sortlistet på alle de steder, hvor han plejede at blive budt velkommen.

<u>*Afsnit 3*</u>

En datter af en gammel afdød folke- og popsanger samt sangskriver påstod, at faderen havde i en periode på et årti haft et seksuelt forhold til hende.

Det resulterede i, at faderen voldtog hende adskillige gange, selv om hun var gift.

Udover voldtægt havde faderen også tvunget hende til at blive stofmisbruger ligesom ham selv.

Den påståede incest stoppede, da den sidste af voldtægterne gjorde hende gravid.

Den utro kæreste eller ægtefælle

Kærlighedslivet hos idolerne er i langt de fleste tilfælde ikke noget, som holder ret længe.

Det er sjældent som diamanter, hvis kærligheden hos idolerne holder til, den ene dør.

Skilsmisserne eller de brudte parforhold skyldes for det første den medfølgende store egoisme hos idolerne. Et af tegnene på den store egoisme er utroskab.

For det andet er det behovet for en yngre model.

Ofte er begrundelsen til det brudte parforhold fra idolet, der forårsagede det, at vedkommende elsker sig selv højest. Mange gange er den med til at udløse utroskab.

Utroskaben kan også skyldes, at idolet er et hippiebarn og er dermed opdraget til, at et parforhold skal være åbent og man ejer ikke hinanden.

Profilen på et idol der elsker sig selv højest, er ofte en kvinde, som:
- behandler kæresten/ægtefællen og sine medmennesker som undermennesker.
- vægter karrieren højere end kærligheden.

- har mistet kontrollen over sin nyvundne berømmelse og den medfølgende rigdom.

- har et konstant behov for at være i centrum under alle omstændigheder.

- ofte er sulten efter sex og kan bare ikke nøjes med én kæreste/ægtefælle.

- kan finde på at bruge sex som sit varemærke.

Nogle almindelige mennesker kaster deres kærlighed til et idol alene på grund af idolets penge.

Dermed kan det for idolet, være et ildevarslende signal om, at kæresten/ægtefællen vil være utro.

Set & sket

Grundet sin lynhurtige berømmelse og succes mistede popdivaen kontrollen over sin status.

Det resulterede i, at popdivaen levede som en vild player med farverige natteliv, skandaler og utroskab, når vedkommende ikke var på arbejde. Selv om hun var forlovet med en mand, der er langt rigere end hende selv.

Den forsmåede forlovede reagerede vredt med ophævelse af forlovelsen, krav om tilbagelevering af dyre gaver, krav om millioner, gidseltagning af den hendes karriere og sagsanlæg med stjerneadvokater.

Dermed viste det sig, at berømmelsens mørke side ramte popdivaen på den værste måde.

Dermed troede popdivaen, at statusen som berømt ville gøre en usårlig.

Popdivaen som er et hippiebarn, var dermed ikke klar over, at den forsmåede ex-forlovede IKKE kan klare hippiernes livsholdning:

- Et parforhold skal være åbent og man ejer ikke hinanden.

Den voldelige kæreste eller ægtefælle

Nogle idoler er først blevet afsløret som det, efter de er døde med overraskede fans som følge.

Nogle idoler er/var berygtet i forvejen for at være det med store medieomtaler om sagen som følge.

Årsagerne til volden er flere og nogle af dem er de samme som hos de almindelige mennesker. Årsagerne er:

- voldelig personlighed.

- lavt selvværd.

- jalousi.

- maniodepressivitet.

- ADHD.

- evig frygt for, at kæresten/ægtefællen vil være utro.

- behov for at vise, at man er nr. 1.

- magtfuldkommenhed.

- et ego, som er større end kroppen.

- bivirkninger af stof-, alkohol- eller dopingmisbrug.

- hjerneskader.

Ligesom hos de almindelige mennesker er mange af de voldelige idoler, mænd og charmetrolde.

Også ligesom hos de almindelige mennesker er mange af de voldelige idolers kærester/ægtefæller vokset op i hjem, der er præget af vold.

I nogle af tilfældene har den voldelige idols overfald på kæresten/ægtefællen også resulteret i aborter.

Hvis det er idolet, som blev kærester/gift med en voldelig person, har det også ført til en decideret deroute for idolets karriere.

Ved de fleste tilfælde er idolets voldelige adfærd kun foregået i hjemmet og gået ud over kæresten/ægtefællen.

Set & sket

Afsnit 1

En gammel legendarisk undergrundsmusiker slog sin egen
og sin vens kæreste inde på en restaurant.

Hændelsen blev først fortalt i en biografi, efter
undergrundsmusikeren havde været død i et par år, da det
skete udenfor mediernes søgelys.

Udover det var han også voldelig over for sin første kone.

På grund af det var han et monster for dem, han kendte.

Afsnit 2

En sexet popdiva blev slået til plukfisk af sin kæreste, som
er rapper og er berygtet for at være en "bad boy", der ikke
kan styre sin vrede og fejler af ADHD.

Overfaldet resulterede i, at hun aborterede spontant og
forlod ham.

Senere kom det frem, at hun voksede op i et hjem med en
voldelig far, som tæskede hende.

De undertrykkende forældre

Ofte tænker man, at børn af idoler er heldige, rige og lever som en prins eller prinsesse.

Men nogle gange viser det sig, at det bare er en illusion.

For nogle af forældrene er deres børn bare statussymboler, da de i virkeligheden ikke er interesseret i at være forældre. Dermed er børnene bare en ting for forældrene.

Nogle af forældrene holder det sågar tophemmeligt, at de har børn for medierne og deres omgangskreds. Af den grund kender mange slet ikke til børnenes eksistens.

For mange af børnene er det bare facade, når man i medierne får at se, hvordan de og forældrene lever og bor.

Årsagen er selvfølgelig, at forældrene vil for en hver pris, skjule det sande familieliv for Gud og en hver mand.

Hvis familielivet er mørk og uhyggelig, kan det godt blive enden for forældrenes glorværdige karriere.

Det grimme familieliv kan indeholde mange ting og flere af dem er meget hjerteskærende at få at vide.

Ofte er det først, når forældrene er døde, at skeletterne vælter ud af skabet.

Skeletterne i skabet er forældrenes alkohol- eller stofmisbrug, store egoisme, 100 % fokus på karrieren, omsorgssvigt, ligegyldighed, nedladenhed eller sågar incest.

Nogle af børnene har sågar oplevet, at enten far, mor eller dem begge stort set aldrig er hjemme og er helt overladt til den anden forælder, et andet familiemedlem eller en barnepige.

Grunden til det er, fester, natteliv eller utroskab.

Det er også før hændt, at nogle børn overraskende har fået halvsøskende grundet den ene berømte forælders utroskab.

Når idolernes dårlige eller undertrykkende forældreevner bliver afsløret, er det mange gange endt med, at man får et helt andet og mere kritisk syn på dem.

En del af dem har også fået et tilsværtet eftermæle, som fylder så meget, at de mister mange fans og det de er/var berømt for, er trængt i baggrunden.

Set & sket

En datter af en gammel afdød skuespiller havde meget nag til faderen grundet hans narcissisme, voldsomme alkoholmisbrug og omsorgssvigt.

Det endte med, at hun hævnede over for det med at brænde broen af til faderen, som han reagerede med at begå selvmord i sorg.

Skuespilleren tilhørte også den generation, som havde en grim norm.

Normen var, at man skulle svigte familien og konstant gå på værtshus og drikke sig fra vid og sans frem til den lyse morgen.

De traumatiserede børn af idolerne

De mest egocentrerede idolers børn er også dem, som er de mest traumatiserede af alle kendisbørn.

En del af dem blev også mobbet i deres skoler, fordi de for det første er børn af idolerne. For det andet havde nogle af forældrene også udstyret dem med alt det dyreste af de dyre.

Nogle er også voldsomt traumatiseret af, at enten faderen, moderen eller dem begge har/havde været aggressive eller destruktive i hjemmet i en voldsom omgang rus fra alkohol eller stoffer.

Hvis forældrene altid havde været misbrugere, nedladende/negativt dominerende, fraværende og set deres børn som undermennesker, har det også resulteret i børn, der:

- ikke er i stand til at gennemføre gymnasiale uddannelser, grundet en selvtillid, som blev ødelagt af forældrene.

- brænder broerne af til forældrene.

- lider konstant nederlag ved forsøg på iværksættelser.

- ikke er i stand til at være selvsikre ægtefæller og forældre med skilsmisser som konsekvens.

- arver forældrenes alkohol- eller stofmisbrug, hvis forældrene er/var misbrugere.

Af de kendisbørn der er trådt ind i showbizz og laver det samme som forældrene, er der også mange, der bare ikke kan få anerkendelse for deres præstationer.

Det skyldes, at enten er/har deres forældre været meget berømte eller altid kræver/krævet, at børnene skal/skulle associeres med dem. I nogle tilfælde har det også ført til, at børnene smækker med døren til showbizz, hvis de får nok af, at forældrene altid kræver associering med dem.

Det er sket, at børnene døde af traumerne af forældrenes be- eller mishandling og arvede alkohol- eller stofmisbrug, som voksne.

Hvis det ikke er/var forældrene eller skolekammeraterne, kendisbørnene er blevet traumatiseret af, er det medierne, som har gjort det.

Nogle af dem er blevet forfulgt af medierne fra fødslen og ind i voksenlivet med det resultat, at de er blevet ufrivillige realitystjerner.

Blandt andet er de konstant blevet fotograferet og udspioneret af paparazzierne. Også ved de mest private stunder.

Set & sket

En søn af en gammel afdød jazzmusiker havde en far, som kun tænkte på sig selv, var alkoholmisbruger og lod ham konstant sejle i sin egen sø.

- Du dur ikke til noget.

Det var det, faderen konstant vrissede af sønnen, da han ikke kunne finde ud af at læse noder. Resultatet blev, at sønnen fik sin selvtillid og livsglæde bortrevet for livet.

Faderens ego var i forvejen så stort, at han ikke var interesseret i at være far eller hjælpe og støtte sønnen.

Moderens personlighed var en kopi af faderens, selv om hun ikke var en berømthed.

Dem som for det meste passede sønnen, var andre familiemedlemmer og barnepiger.

Sønnen måtte ikke blive andet end noget bogligt eller musisk, da familien er og skulle være fint.

I voksenlivet gik det hele galt for sønnen. En ufærdig gymnasial uddannelse, en fejlslagen iværksættelse og et ægteskab som endte i tårer. Det endte også med, at han døde af en blanding af sorg og alkoholmisbrug.

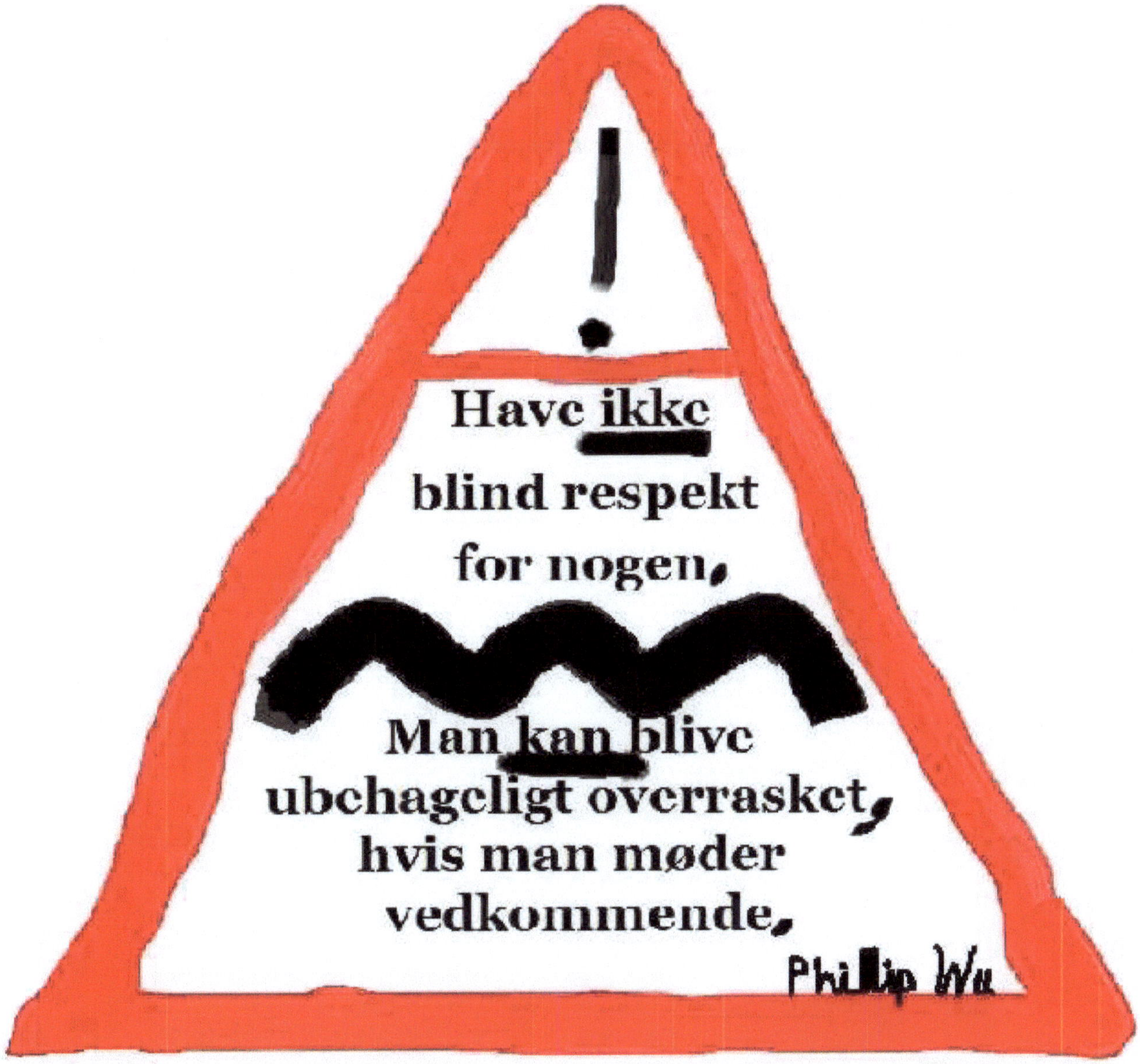

Have ikke
blind respekt
for nogen.

Man kan blive
ubehageligt overrasket,
hvis man møder
vedkommende.

Phillip Wu